딩 딩 바 이 블 청 소 년 양 육 시 리 즈

양육 1년차 1

예수십대

| 이대희 지음 |

예즈덤성경교육원 편

엔크리스토

저자 **이대희 목사**

장로회신학대학교 신학대학원(M.Div)과 연세대학교 연합신학대학원(Th.M)을 졸업하고 에스라성경대학원대학교에서 성경학박사(D.Liit) 과정을 마쳤다. 예장총회교육자원부 연구원과 서울장신대 교수와 겸임교수를 역임했으며, 분당에 소재한 대안학교인 독수리 기독중고등학교에서 청소년에게 성경을 수년 동안 가르쳤다. 극동방송에서 〈알기 쉬운 성경공부〉 〈기독교 이해〉 〈크리스천 가이드〉 〈전도왕백서〉 〈습관칼럼〉 등 신앙양육 프로그램을 진행했다. 저자는 성경공부와 성경교육 전문사역자로 지난 25여 년 동안 성서사람·성서교회·성서한국·성서나라의 모토를 가지고 한국적 성경교육과 실천사역을 위한 집필과 세미나, 강의사역 등을 하고 있다. 현재 바이블미션 대표와 예즈덤성경교육원 원장, 꿈을주는교회 담임목사로 있다. 저서로는 『30분 성경공부』 시리즈, 『아름다운 십대 성경공부』 시리즈, 『투데이 성경공부』 시리즈, 『틴꿈십대 성경공부』 시리즈, 『인성과 창의력을 중시하는 유대인의 탈무드식 자녀교육법』, 『이야기대화식 성경연구』, 『성품성경공부』 시리즈, 『맛있는 성경공부』, 『맥잡는 기도』, 『전도왕백서』, 『자녀 축복 침상 기도문』, 『누구나 쉽게 배우는 쉬운 기도』, 『예즈덤 성경영재교육』, 『크리스천이여 습관부터 바꿔라』 등 200여 권의 저서가 있다.
e-mail: ckr9191@hanmail.net

딩딩바이블 청소년 양육 시리즈 **예수십대**

초판1쇄 발행일 | 2013년 10월 31일
초판4쇄 발행일 | 2020년 1월 15일

지은이|이대희 펴낸이|김학룡 펴낸곳|엔크리스토
마케팅|유영진, 조형준 관리부|김광현, 오연희, 강주영

출판등록|2004년 12월 8일(제2004-116호)
주소| 경기도 고양시 일산동구 장항동 585-2
전화|(031) 906-9191 팩스|0505-365-9191
이메일|9191@korea.com
공급처|(주)기독교출판유통

ISBN 979-11-5594-000-6 04230

● 잘못된 책은 바꾸어 드립니다.
● 책값은 뒤표지에 있습니다.
● 이 교재의 사용방법. 내용. 교육. 강의와 세미나에 대한 문의는 예즈덤성경교육원 (02-403-0191,010-2731-9078. http://cafe.naver.com/je66)으로 해주세요. 매주 월요일에 성경대학 지도자 훈련코스가 있습니다.(개관반,책별반.주제반.성경영재교육반). 1년에 4학기(봄,여름,가을,겨울)로 운영됩니다.

딩딩바이블 청소년 양육 시리즈를 펴내면서…

딩딩바이블은 그동안 10여 년 넘게 한국 교회 베스트 교재로 많은 사랑을 꾸준히 받아 온 〈아름다운 십대 성경공부〉 시리즈를 보완 발전시켜 새로운 모습으로 탄생된 청소년 양육 시리즈입니다. 지금 한국 교회는 다음 세대를 키우지 못하면 미래가 없습니다.

다음 세대를 효과적으로 키우는 데 딩딩바이블 청소년 양육 시리즈는 크게 기여할 것입니다. 그동안 교회 안에서만 이루어졌던 말씀 교육을 발전시켜 가정, 학교, 생활(주일, 주말, 주간, 방학)을 통합하여 전인적인 교육을 이루는 데 초점을 두었습니다. 세상을 이기기 위해서는 부분보다 통합적, 지식보다 지혜 중심의 양육이 필요합니다.

특히 청소년 시기는 인생과 신앙의 기초를 다져주는 아주 중요한 때입니다. 이때에 꼭 필요한 과정을 잘 양육하면 평생 승리하는 인생을 살 수 있습니다. 청소년들의 눈높이에 맞추어 흥미롭게, 간단하고 쉽게, 깊고 명료하게 삶의 실천을 염두에 두고 전체 내용을 구성했습니다. 5천 년 동안 성경교육으로 세계를 지배하고 있는 유대인의 성경 탈무드 교육보다 더 나은(마 5:20) 한국인에 맞는 복음적인 말씀양육 시리즈가 되길 기도합니다.

저자 이대희

•딩딩바이블 청소년 양육 시리즈 특징•

1. 말씀 중심이다 성경 구절을 찾는 인위적 공부방식에서 탈피하여 본문을 중심으로 성경 전체를 핵심구절로 연결하여 하나님의 본래 의도를 찾도록 구성되었습니다.

2. 흥미롭다 도입 부분을 십대들의 관심에 맞추어 흥미로운 만화와 삽화로 구성하여 시각적 효과를 높혔습니다. 그림과 질문은 닫힌 마음을 열게 하는 효과가 있습니다.

3. 쉽다 성경공부를 설명식(헬라식)으로 하면 점점 어려워집니다. 그러나 본문 속에서 질문식(히브리식)으로 하면 누구나 쉽게 답할 수 있습니다. 교사가 일방적으로 주입하는 가르침이 아닌 본문의 말씀이 말하는 것을 듣는 방식으로 구성되었기에 교사와 학생이 모두 쉽게 공부할 수 있습니다. 내가 말씀을 보는 것이 아니라 말씀이 나를 보게 해야 합니다.

4. 단순하다 6개의 질문(관찰: 4개, 해석: 1개, 적용: 1개)으로 누구나 즐겁게 성경공부에 참여할 수 있습니다. 30분 내외의 분반 시간에 끝낼 수 있도록 구성했습니다. 상황에 따라 꼬리질문을 확장할 수 있습니다.

5. 깊다 깊은 질문으로 말씀의 은혜를 경험할 수 있고 시간이 갈수록 말씀 속으로 빠져듭니다. 해석 질문은 영혼의 깨달음을 갖게 합니다(보통 십대 교재는 해석질문이 없습니다. 여기서 대화를 통한 깊은 나눔을 할 수 있습니다).

6. 균형있다 십대에 필요한 핵심 주제와 다양한 양육영역(성경·복음·정체성·신앙·생활·인성·공부·인물·습관)을 골고루 제시하여 균형잡힌 신앙성장을 갖도록 했습니다.

7. 명료하다 현실적으로 짧은 성경공부 시간에 여러 가지 내용을 다룰 수 없기에 한 가지 핵심적인 내용을 명료하게 다루어 분반 공부 효과를 극대화 하도록 했습니다.

8. 공부도 해결한다 성경공부를 통해 신앙과 더불어 학교공부(사고력·논리력·분석력·집중력·분별력·상상력)도 함께 키울 수 있도록 구성되었습니다.

9. 다양하다 주5일근무제에 맞추어 주일 분반공부, 토요주말학교, 가족밥상머리교육, 제자훈련 등 다양하게 사용할 수 있습니다.

10. 전인적이다 주일 하루만 하는 교육이 아니라 가정, 교회, 학교와 주일, 주말, 주간, 방학, 성인식을 통합하여 전 삶의 차원에서 적용할 수 있는 양육과정입니다.

•성경공부 진행 방법•

마음열기 시작하기 전에 그림과 만화를 통해 공부할 주제를 기대감과 흥미를 갖게 합니다.

말씀과 소통하기 오늘 성경본문에 대한 네 가지 질문을 하면서 본문과 소통을 합니다.

POINT 포인트 해당 본문의 핵심을 간단하게 정리해 줍니다.

말씀과 공감하기 본문 말씀 내용 중에 생각해야 할 문제를 관계된 다른 성경구절(말씀Tip)을 통하여 깊은 깨달음을 얻도록 돕는 과정입니다.

삶에 실행하기 깨달은 말씀의 교훈을 개인의 삶에 적용합니다.

실천을 위한 Tip 삶 속에서 실천할 수 있도록 구체적인 지침을 제공합니다.

|교회와 가정과 학교(주일·주말·주간·방학)를 통합한 1318 전인교육|

•딩딩바이블 청소년 양육 시리즈 전체 양육과정표•

중·고등부 6년 과정에 맞추어 4개 코스로 구성되었습니다. 양육 코스는 3년, 심화 코스는 3년, 성장 코스는 자유롭게 사용하도록 구성했습니다.
이것은 주간에 자기 주도적으로 습관화 하는 과정입니다. 성숙 코스는 방학에 사용하는 캠프용과 십대과정을 마무리하는 성인식이 있습니다.
'복음 코스'와 '성경 코스'는 교사와 학생이 공통으로 할 수 있는 특별과정입니다.

| 양육 코스 |

구분	코스	영역		1년차	2년차	3년차
주일	양육	1	복음	예수십대	복음뼈대	신앙원리
		2	정체성	나는 누구야	가치관이 뭐야	비전과 진로가 뭐야
		3	신앙	왜 믿니?	왜 사니?	왜 인생수업이니?
		4	생활	십대를 창조하라	유혹을 이겨라	열매를 맺어라

| 심화 코스 |

구분	코스	영역		1년차	2년차	3년차
주일 (주말)	심화	1	Q.A	신앙이 궁금해	교리가 궁금해	성경이 궁금해
		2	인성	인간관계 어떻게?	중독탈출 어떻게?	창의인성 어떻게?
		3	공부	공부법 정복하기	학교공부 뛰어넘기	인생공부 따라잡기
		4	인물	하나님人	예수人	성령人

| 성장 코스(자기주도 코스) |

구분	코스	영역		1년차	2년차	3년차
주일 (주말, 주간)	자기 주도	1	영성	말씀생활 읽기, 암송, 큐티	기도생활 기도, 대화	전도생활 증거, 모범
		2	습관	생활습관 음식, 수면, 운동	공부습관 공부, 시간, 플래닝	태도습관 태도, 성품

| 성숙 코스(마무리 코스) |

구분	코스	영역		1년차	2년차	3년차
방학	캠프	1	영재	신앙과 공부를 함께 해결하는 크리스천 영재 캠프 (3박4일)		
전체	성인식	2	전인	중등부 · 고등부 (성인식 통과의례 1, 2) - 예수사람 만들기		

• 복음 코스(교사와 학생 공통) •

구분	코스	영역	공통과정
모든 세대	복음	새신자	한눈에 보는 복음 이야기 (새신자 양육)
		불신자	세상에서 가장 기쁜 소식을 들어 보셨습니까? (대화식 전도지)

• 성경 코스(교사와 학생 공통) •

구분	코스	영역	공통과정
모든 세대	성경	구약	단숨에 꿰뚫는 구약성경관통
		신약	단숨에 꿰뚫는 신약성경관통

차례

딩딩바이블 청소년 양육 시리즈를 펴내면서 • 3
딩딩바이블 청소년 양육 시리즈 특징 • 4
성경공부 진행 방법 • 5
딩딩바이블 청소년 양육 시리즈 전체 양육과정표 • 5
십대에 예수님을 만나라 • 8

01 예수, 그는 누구신가? • 10
02 예수님은 왜 십자가에서 죽으셨는가? • 15
03 고치시고 살리신 예수님 • 20
04 예수님을 만나고 싶어요 • 25
05 구원받은 것을 확신하라 • 30
06 구원받은 목적을 분명히 하라 • 35
07 제자가 되기 위한 대가를 치르라 • 40
08 구원받은 삶-말씀생활 • 45
09 구원받은 삶-기도생활 • 50
10 구원받은 삶-교제생활 • 55

십대에 예수님을 만나라

인생은 누구를 만나느냐에 따라 달라집니다

보통 사람들은 처음에 부모를 만납니다

그 다음으로 스승을 만납니다

그리고 친구와 이웃을 만납니다

나중에 성인이 되어서 배우자를 만납니다

그러나 이 만남으로는 진정 행복할 수 없습니다

정말 새롭게 된 삶을 살려면 예수님을 만나야 합니다

인생 최고의 만남은 예수님을 만나는 것입니다

아무리 좋은 사람들을 많이 만나도 예수님을 만나지 않으면

그는 불행한 사람이 됩니다

정말 성공하는 인생을 살고 싶습니까?

예수님을 십대 때 가능한 한 빨리 만나세요

그리고 예수님과 함께 남은 인생을 시작해 보세요

그러면 나의 삶에 기적이 일어날 것입니다

"너는 청년의 때에 너의 창조주를 기억하라 곧 곤고한 날이 이르기 전에,
나는 아무 낙이 없다고 할 해들이 가깝기 전에 해와 빛과 달과 별들이 어둡기 전에,
비 뒤에 구름이 다시 일어나기 전에 그리하라"(전 12:1-2)

마음열기

1. 위 그림을 보고 이야기를 만들어 보세요.

2. 나에게 예수님이 "너는 나를 누구라고 하느냐…" 물으시면 나는 뭐라고 대답하겠습니까?

• 마태복음 16:13-18을 읽으세요.

13 예수께서 빌립보 가이사랴 지방에 이르러 제자들에게 물어 이르시되 사람들이 인자를 누구라 하느냐
14 이르되 더러는 세례 요한, 더러는 엘리야, 어떤 이는 예레미야나 선지자 중의 하나라 하나이다
15 이르시되 너희는 나를 누구라 하느냐
16 시몬 베드로가 대답하여 이르되 주는 그리스도시요 살아 계신 하나님의 아들이시니이다
17 예수께서 대답하여 이르시되 바요나 시몬아 네가 복이 있도다 이를 네게 알게 한 이는 혈육이 아니요 하늘에 계신 내 아버지시니라
18 또 내가 네게 이르노니 너는 베드로라 내가 이 반석 위에 내 교회를 세우리니 음부의 권세가 이기지 못하리라

1. 예수님이 가이사랴 빌립보에서 제자들에게 특별히 무엇을 물어 보셨습니까?(13)

2. 그 당시의 사람들은 예수님을 누구라고 말했습니까?(14)

3. 예수님이 제자들에게 “너희는 나를 누구라 하느냐”고 질문하자 베드로는 어떻게 대답했습니까?(15-16)

4. 베드로의 신앙 고백을 듣고 예수님이 하신 축복의 말씀은 무엇입니까?(17-18)

•POINT•

예수님은 인성을 가지신 요셉의 아들이지만 또한 신성을 지닌 하나님의 아들입니다. 예수님을 제대로 믿으려면 두 가지가 모두 믿어져야 합니다.

1. 베드로가 고백한 "주는 그리스도시요 살아 계신 하나님의 아들이시니이다"의 뜻이 무엇인지 내가 이해하는 말로 이야기해 보십시오.

말씀 Tip

"도마가 대답하여 이르되 나의 주님이시요 나의 하나님이시니이다 예수께서 이르시되 너는 나를 본 고로 믿느냐 보지 못하고 믿는 자들은 복되도다 하시니라"(요 20:28-29)

"다른 이로써는 구원을 받을 수 없나니 천하 사람 중에 구원을 받을 만한 다른 이름을 우리에게 주신 일이 없음이라 하였더라"(행 4:12)

1. 예수님은 나에게 어떤 분이십니까? 나는 주님을 얼마나 나의 주인으로 믿고 살아갑니까?

실천을 위한 Tip

주님 사랑해요

(   )는

주님이 나를 구원해 주신 하나님의 아들임을 믿습니다.

오늘도 살아계셔서 나와 동행하심을 믿습니다.

주님을 사랑합니다.

______________ 사인

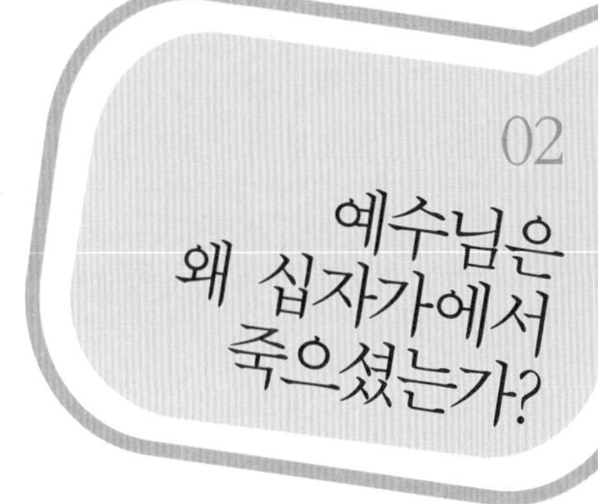

마음열기

캐더린 병영에 있는 어떤 그림은 제1차 세계대전 중에 그린 것으로, 주인 없는 땅에 통신병 한 사람이 죽어 누워 있는 모습이 그려져 있다. 그는 포화로 끊어진 선로를 수리하기 위해 파견되었다. 그 병사는 싸늘한 시체가 되어 거기에 누워 있었다. 그러나 그는 임무를 완수했던 것 같다. 그의 뻣뻣해져 가는 양손에 끊어진 전선의 양끝이 쥐어져 있었기 때문이다. 그 그림 아래에는 다음과 같은 한 단어가 적혀 있었다.

'통하여'

1. 위의 이야기를 읽고 느낀 점은 무엇입니까?

•로마서 5:6-11을 읽으세요.

6 우리가 아직 연약할 때에 기약대로 그리스도께서 경건하지 않은 자를 위하여 죽으셨도다

7 의인을 위하여 죽는 자가 쉽지 않고 선인을 위하여 용감히 죽는 자가 혹 있거니와

8 우리가 아직 죄인 되었을 때에 그리스도께서 우리를 위하여 죽으심으로 하나님께서 우리에 대한 자기의 사랑을 확증하셨느니라

9 그러면 이제 우리가 그의 피로 말미암아 의롭다 하심을 받았으니 더욱 그로 말미암아 진노하심에서 구원을 받을 것이니

10 곧 우리가 원수 되었을 때에 그의 아들의 죽으심으로 말미암아 하나님과 화목하게 되었은즉 화목하게 된 자로서는 더욱 그의 살아나심으로 말미암아 구원을 받을 것이니라

11 그뿐 아니라 이제 우리로 화목하게 하신 우리 주 예수 그리스도로 말미암아 하나님 안에서 또한 즐거워하느니라

1. 예수님은 어떤 인간을 위해 죽으셨습니까?(6-7)

2. 죄인된 인간을 위하여 예수님이 죽으심으로 무엇을 증명하였습니까?(8)

3. 우리가 죄에서 구원받고 하나님 앞에서 의로운 사람이 된 것은 무엇 때문입니까?(9)

4. 예수님이 우리를 위해서 십자가에 죽으심으로 주어지는 복은 무엇입니까?(10-11)

•POINT•

예수님의 죽으심은 죄인을 위한 의인의 죽음입니다. 전적으로 인간을 위한 죽음입니다. 그러나 모든 인간의 죽음은 자신의 죄로 인한 죄인의 죽음입니다.

말씀과 공감하기

1. 기독교 이외에 다른 종교로는 구원을 받을 수 없습니다. 오직 예수님만이 우리의 구원자가 되는 이유를 말해 보십시오.

말씀 Tip 

"하나님이 죄를 알지도 못하신 이를 우리를 대신하여 죄로 삼으신 것은 우리로 하여금 그 안에서 하나님의 의가 되게 하려 하심이라"(고후 5:21)

"우리에게 있는 대제사장은 우리의 연약함을 동정하지 못하실 이가 아니요 모든 일에 우리와 똑같이 시험을 받으신 이로되 죄는 없으시니라"(히 4:15)

1. 지금까지 지은 나의 죄 중에서 가장 큰 죄는 무엇입니까? 내가 예수를 믿음으로 얻는 복은 무엇인지 말해 보십시오.

실천을 위한 Tip

이 시간 예수님에 대해
감사한 것 세 가지

1) ______________________________

2) ______________________________

3) ______________________________

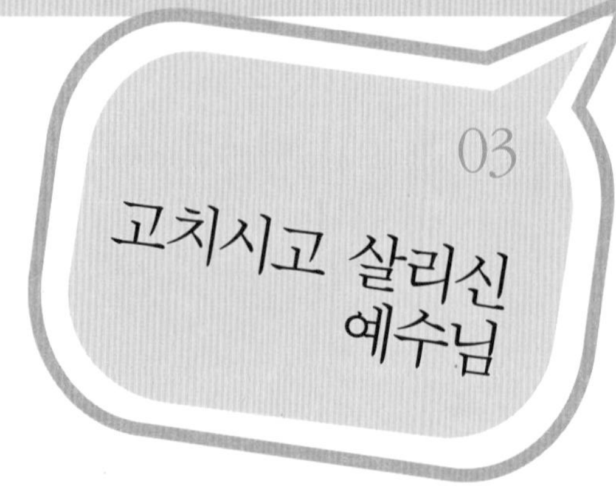

03 고치시고 살리신 예수님

마음열기

1. 위의 네 개의 그림이 말하는 공통점은 무엇입니까?

2. 주위의 아픈 사람이나 갑자기 사람들이 죽는 것을 보면 어떤 생각이 듭니까?

• 누가복음 8:40-42, 49-56을 읽으세요.

40 예수께서 돌아오시매 무리가 환영하니 이는 다 기다렸음이러라
41 이에 회당장인 야이로라 하는 사람이 와서 예수의 발 아래에 엎드려 자기 집에 오시기를 간구하니
42 이는 자기에게 열두 살된 외딸이 있어 죽어감이더라

…

49 아직 말씀하실 때에 회당장의 집에서 사람이 와서 말하되 당신의 딸이 죽었나이다 선생님을 더 괴롭게 하지 마소서 하거늘
50 예수께서 들으시고 이르시되 두려워하지 말고 믿기만 하라 그리하면 딸이 구원을 얻으리라 하시고
51 그 집에 이르러 베드로와 요한과 야고보와 아이의 부모 외에는 함께 들어가기를 허락하지 아니하시니라
52 모든 사람이 아이를 위하여 울며 통곡하매 예수께서 이르시되 울지 말라 죽은 것이 아니라 잔다 하시니
53 그들이 그 죽은 것을 아는 고로 비웃더라
54 예수께서 아이의 손을 잡고 불러 이르시되 아이야 일어나라 하시니
55 그 영이 돌아와 아이가 곧 일어나거늘 예수께서 먹을 것을 주라 명하시니
56 그 부모가 놀라는지라 예수께서 경고하사 이 일을 아무에게도 말하지 말라 하시니라

1. 회당장이 예수님께 엎드려 간구한 내용은 무엇입니까?(40-42)

2. 나중에 회당장의 딸이 죽었다는 말을 듣고 예수님은 어떤 말씀을 하셨습니까?(49-50)

3. 예수님은 죽은 아이를 보고 어떤 말씀을 하셨습니까? 이때 사람들은 어떤 반응을 보였습니까?(51-53)

4. 예수님은 죽은 아이를 어떻게 살렸습니까?(54-55)

•POINT•

예수님은 우리의 영적인 죄를 해결하기 위해서 오셨지만 우리의 육신도 구원하십니다. 진정한 구원은 영과 육이 모두 구원받는 것입니다. 마지막에는 영과 육도 온전히 구원을 받습니다.

말씀과 공감하기

1. 누구든지 예수님을 만나면 불가능한 문제를 해결받습니다. 왜 그렇습니까?

"수고하고 무거운 짐 진 자들아 다 내게로 오라 내가 너희를 쉬게 하리라" (마 11:28)

"예수께서 이르시되 나는 부활이요 생명이니 나를 믿는 자는 죽어도 살겠고 무릇 살아서 나를 믿는 자는 영원히 죽지 아니하리니 이것을 네가 믿느냐"(요 11:25-26)

1. 나와 주변 가족에게 육신의 질병이나 마음의 고통이 있다면 그것은 무엇입니까? 아울러 그것을 해결하는 방법을 찾아보십시오.

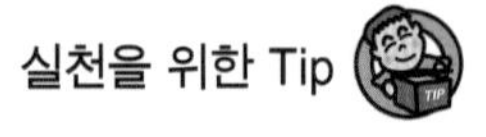

세 가지 방법

구하라 그러면 ________________ 이요

찾으라 그러면 ________________ 것이요

문을 두드리라 그러면 ________________ 것이라

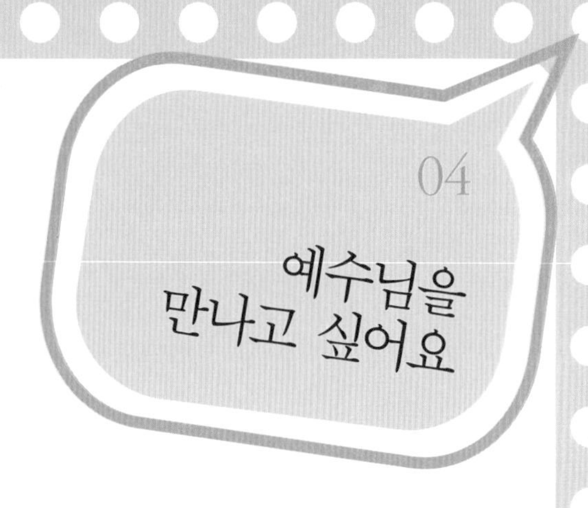

1. 지금까지 살아오면서 나와 주변에서 이런 경험이 있었다면 나누어 보십시오.

말씀과 소통하기

• 누가복음 19:1-10을 읽으세요.

1 예수께서 여리고로 들어가 지나가시더라
2 삭개오라 이름하는 자가 있으니 세리장이요 또한 부자라
3 그가 예수께서 어떠한 사람인가 하여 보고자 하되 키가 작고 사람이 많아 할 수 없어
4 앞으로 달려가서 보기 위하여 돌무화과나무에 올라가니 이는 예수께서 그리로 지나가시게 됨이러라
5 예수께서 그 곳에 이르사 쳐다보시고 이르시되 삭개오야 속히 내려오라 내가 오늘 네 집에 유하여야 하겠다 하시니
6 급히 내려와 즐거워하며 영접하거늘
7 뭇 사람이 보고 수군거려 이르되 저가 죄인의 집에 유하러 들어갔도다 하더라
8 삭개오가 서서 주께 여짜오되 주여 보시옵소서 내 소유의 절반을 가난한 자들에게 주겠사오며 만일 누구의 것을 속여 빼앗은 일이 있으면 네 갑절이나 갚겠나이다
9 예수께서 이르시되 오늘 구원이 이 집에 이르렀으니 이 사람도 아브라함의 자손임이로다
10 인자가 온 것은 잃어버린 자를 찾아 구원하려 함이니라

1. 삭개오는 어떤 사람입니까?(1-3)

2. 예수님을 만나기 위해 삭개오가 취한 행동은 무엇입니까?(4)

3. 나무에 올라간 삭개오를 보고 예수님은 어떤 말씀을 하셨습니까? 삭개오는 어떤 반응을 보였습니까?(5-6)

4. 예수님을 만난 삭개오에게 어떤 삶의 변화가 일어났습니까? 아울러 그가 받은 복은 무엇입니까?(8-10)

•POINT•

인생은 누구를 만나느냐에 따라 결정됩니다. 위대한 삶은 위대한 사람을 만날 때 시작됩니다. 세상에서 가장 위대한 분은 바로 예수님이십니다. 그분을 만날 때 나의 인생은 달라집니다.

말씀과 공감하기

1. 왜 많은 사람들이 예수님을 만나지 못할까요? 또 예수님을 만났음에도 삶의 변화가 잘 일어나지 않는 이유는 무엇입니까?

말씀 Tip

"때가 찼고 하나님의 나라가 가까이 왔으니 회개하고 복음을 믿으라"(막 1:15)

"의인은 없나니 하나도 없으며 깨닫는 자도 없고 하나님을 찾는 자도 없고"(롬 3:10-11)

1. 나는 예수님을 진정 주인으로 섬기고 살아갑니까? 주인으로 섬기기 어렵다면 그 이유는 무엇입니까?

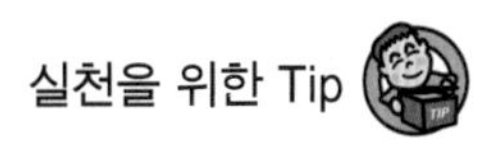

예수님을 만나기 전과 후 달라진 점

1) 죽음에 대해서 ______________________________

2) 미래에 대해서 ______________________________

3) 먹고 입고 마시는 문제에 대해서 ________________

4) 가족에 대해서 ______________________________

5) 인생의 보람에 대해서 _________________________

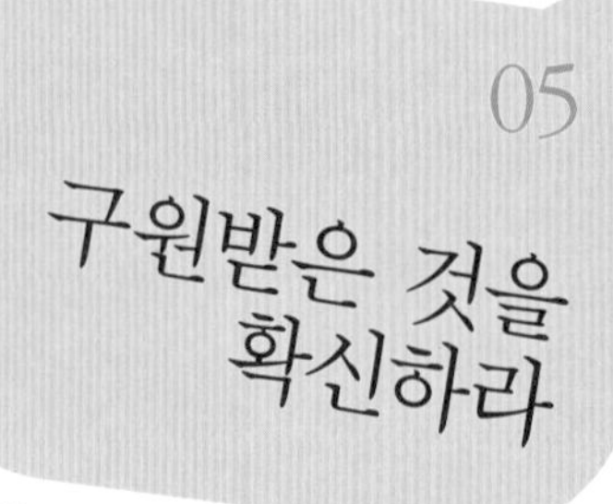

05 구원받은 것을 확신하라

마음열기

1. 위 그림은 사람이 성장해 가는 생애 과정입니다. 어떤 내용인지 이야기를 나누어 보세요.

2. 나는 언제 내가 부모님의 자녀인 것을 확신하게 되었나요? 그것으로 나에게 유익이 되는 일은 무엇인가요?

• 로마서 10:9-15을 읽으세요.

9 네가 만일 네 입으로 예수를 주로 시인하며 또 하나님께서 그를 죽은 자 가운데서 살리신 것을 네 마음에 믿으면 구원을 받으리라
10 사람이 마음으로 믿어 의에 이르고 입으로 시인하여 구원에 이르느니라
11 성경에 이르되 누구든지 그를 믿는 자는 부끄러움을 당하지 아니하리라 하니
12 유대인이나 헬라인이나 차별이 없음이라 한 분이신 주께서 모든 사람의 주가 되사 그를 부르는 모든 사람에게 부요하시도다
13 누구든지 주의 이름을 부르는 자는 구원을 받으리라
14 그런즉 그들이 믿지 아니하는 이를 어찌 부르리요 듣지도 못한 이를 어찌 믿으리요 전파하는 자가 없이 어찌 들으리요
15 보내심을 받지 아니하였으면 어찌 전파하리요 기록된 바 아름답도다 좋은 소식을 전하는 자들의 발이여 함과 같으니라

1. 인간이 구원받는 방법은 무엇입니까?(9-10)

2. 예수님을 믿으면 어떤 유익이 있습니까?(11)

3. 다른 종교가 감히 따를 수 없는 기독교 복음의 특징은 무엇입니까?
(12-13)

4. 사람이 어떻게 구원을 받는지 그 과정을 말해 보십시오.(14-15)

•POINT•

구원받은 확신을 가지면 이 세상의 삶을 천국으로 만들 수 있고 천국의 삶을 즐길 수 있는 유익이 있습니다. 구원의 확신을 가지면 비록 세상이지만 천국을 경험하면서 살아갈 수 있습니다. 세상을 두려워하지 않고 늘 천국의 소망을 품고 살아갈 수 있습니다.

1. 구원의 확신을 가짐으로 얻는 인생의 유익은 무엇입니까? 또한 구원을 받았음에도 구원에 대해서 의심을 갖게 되는 경우가 있는데 그 원인은 무엇이라고 생각합니까?

"만일 우리가 그리스도와 함께 죽었으면 또한 그와 함께 살 줄을 믿노니 이는 그리스도께서 죽은 자 가운데서 살아나셨으매 다시 죽지 아니하시고 사망이 다시 그를 주장하지 못할 줄을 앎이로라"(롬 6:8-9)

"너희는 그 은혜에 의하여 믿음으로 말미암아 구원을 받았으니 이것은 너희에게서 난 것이 아니요 하나님의 선물이라 행위에서 난 것이 아니니 이는 누구든지 자랑하지 못하게 함이라"(엡 2:8-9)

삶에 실행하기

1. 나는 구원받았다는 분명한 확신을 가지고 있습니까? 아직 구원의 확신(천국에 간다는 사실을 믿음)이 없다면 그 이유는 무엇입니까?

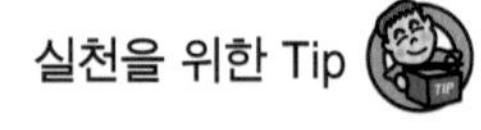

실천을 위한 Tip

나는 현재 천국의 삶을 누리고 있습니까?

- 가정에서______________________________
- 사회, 학교에서__________________________
- 교회에서______________________________
- 개인적으로_____________________________

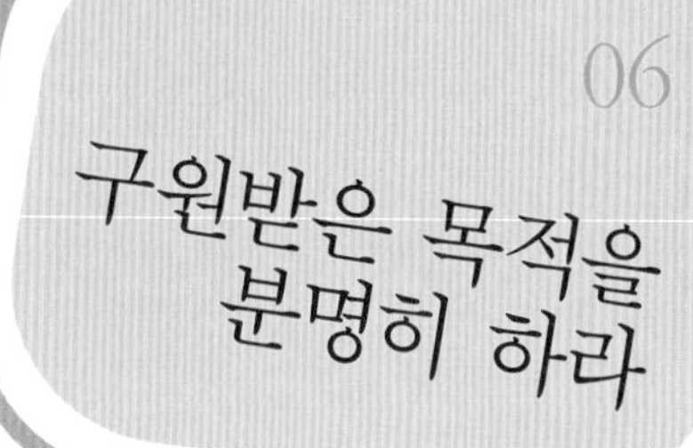

06 구원받은 목적을 분명히 하라

마음열기

1. 위의 그림을 통해 자기의 목적과 사명이 무엇인지 말해 보세요.

2. 위의 것은 어떤 공통적인 특징을 가지고 있습니까?

말씀과 소통하기

•마태복음 4:18-22을 읽으세요.

18 갈릴리 해변에 다니시다가 두 형제 곧 베드로라 하는 시몬과 그의 형제 안드레가 바다에 그물 던지는 것을 보시니 그들은 어부라
19 말씀하시되 나를 따라오라 내가 너희를 사람을 낚는 어부가 되게 하리라 하시니
20 그들이 곧 그물을 버려 두고 예수를 따르니라
21 거기서 더 가시다가 다른 두 형제 곧 세베대의 아들 야고보와 그의 형제 요한이 그의 아버지 세베대와 함께 배에서 그물 깁는 것을 보시고 부르시니
22 그들이 곧 배와 아버지를 버려 두고 예수를 따르니라

1. 누가 갈릴리 바다에서 고기를 잡고 있었습니까?(18)

2. 예수님이 어부인 베드로(시몬)와 안드레를 부르신 목적은 무엇입니까?
(19)

3. 예수님의 부르심을 받고 시몬과 안드레는 어떻게 했습니까?(20)

4. 예수님은 야고보와 요한도 역시 제자로 부르셨는데 그들은 어떻게 따랐습니까?(21-22)

•POINT•

구원은 목적과 사명을 갖고 있습니다. 우리를 이렇게 일찍 구원받게 한 것은 복음 전하는 사명을 더 감당하기 위함입니다. 구원을 선물로 거저 받게 하신 것은 이웃에게 선물로 구원을 나누어 주라는 뜻입니다.

1. 예수님은 제자를 선택할 때 당대의 지식과 지위가 있는 서기관과 바리새인이 아닌 천한 직업을 가진 어부들을 부르셨습니다. 그 이유는 무엇입니까? '사람 낚는 어부'란 어떤 의미를 갖고 있습니까?

말씀 Tip

"하나님께서 세상의 미련한 것들을 택하사 지혜 있는 자들을 부끄럽게 하려 하시고 세상의 약한 것들을 택하사 강한 것들을 부끄럽게 하려 하시며 하나님께서 세상의 천한 것들과 멸시 받는 것들과 없는 것들을 택하사 있는 것들을 폐하려 하시나니 이는 아무 육체도 하나님 앞에서 자랑하지 못하게 하려 하심이라"(고전 1:27-29)

"너희는 가서 모든 민족을 제자로 삼아 아버지와 아들과 성령의 이름으로 세례를 베풀고 내가 너희에게 분부한 모든 것을 가르쳐 지키게 하라"(마 28:19-20)

1. 나를 구원받게 하신 목적은 무엇입니까? 나는 구원의 목적에 합당한 인생의 목표를 정하고 있습니까?

실천을 위한 Tip

나의 인생의 목적에 대한 질문

1) 나를 구원하신 하나님이 나에게 주신 사명은 무엇입니까?

____

2) 내 인생의 꿈과 비전은 무엇입니까?

____

3) 내가 공부하는 이유는 무엇입니까?

____

07

제자가 되기 위한 대가를 치르라

마음열기

1. 위 그림을 보고 공부에 방해되는 것들이 어떤 것인지 말해 보세요.

2. 공부를 잘하기 위해서 내가 포기해야 할 것은 무엇입니까?

• 마태복음 16:21-27을 읽으세요.

21 이때로부터 예수 그리스도께서 자기가 예루살렘에 올라가 장로들과 대제사장들과 서기관들에게 많은 고난을 받고 죽임을 당하고 제삼 일에 살아나야 할 것을 제자들에게 비로소 나타내시니

22 베드로가 예수를 붙들고 항변하여 이르되 주여 그리 마옵소서 이 일이 결코 주께 미치지 아니하리이다

23 예수께서 돌이키시며 베드로에게 이르시되 사탄아 내 뒤로 물러 가라 너는 나를 넘어지게 하는 자로다 네가 하나님의 일을 생각하지 아니하고 도리어 사람의 일을 생각하는도다 하시고

24 이에 예수께서 제자들에게 이르시되 누구든지 나를 따라오려거든 자기를 부인하고 자기 십자가를 지고 나를 따를 것이니라

25 누구든지 제 목숨을 구원하고자 하면 잃을 것이요 누구든지 나를 위하여 제 목숨을 잃으면 찾으리라

26 사람이 만일 온 천하를 얻고도 제 목숨을 잃으면 무엇이 유익하리요 사람이 무엇을 주고 제 목숨과 바꾸겠느냐

27 인자가 아버지의 영광으로 그 천사들과 함께 오리니 그 때에 각 사람이 행한 대로 갚으리라

1. 예수님은 제자들에게 자기가 앞으로 어떻게 될 것을 가르치셨습니까?(21)

2. 베드로가 예수님을 믿는 것에 대해서 잘못 생각한 것은 무엇입니까? (22-23)

3. 예수님의 제자가 되기 위해 갖추어야 할 필요 조건은 무엇입니까?(24)

4. 결국 예수님의 제자의 삶을 살기 위해서는 무엇을 버릴 각오가 되어 있어야 합니까? 하나님은 어떻게 대가를 갚아 주십니까?(25-27)

•POINT•

구원은 하나님께 거저 받은 은혜입니다. 구원받은 사람이 주님께 헌신해야 하는 이유는 무언가 받기 위해서가 아닌 이미 받았기에 감사함으로 하는 자발적인 것입니다. 구원받은 은혜가 클수록 주님을 위해 살고 싶은 마음이 더 생기게 됩니다.

말씀과 공감하기

1. 예수님의 제자가 되는 데 가장 걸림돌은 자기 자신입니다. 하나님의 일을 위해서는 왜 자신을 버리는 대가를 지불해야 하는지 이유를 말해 보십시오.

말씀 Tip

"내가 진실로 진실로 너희에게 이르노니 한 알의 밀이 땅에 떨어져 죽지 아니하면 한 알 그대로 있고 죽으면 많은 열매를 맺느니라 자기의 생명을 사랑하는 자는 잃어버릴 것이요 이 세상에서 자기의 생명을 미워하는 자는 영생하도록 보전하리라"(요 12:24-25)

"나는 날마다 죽노라"(고전 15:31)

1. 신앙생활은 하나님과 자신과의 싸움입니다. 가장 큰 적은 자기 자신입니다. 나를 앞세우면 하나님의 뜻이 보이지 않습니다. 현재 나를 버리는 데 방해되는 가장 큰 장애물은 무엇입니까?

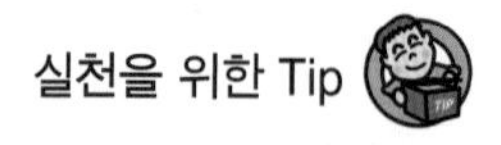

나는 무엇을 위해 심는가?

"자기의 육체를 위하여 심는 자는 (　　　　　)로부터

(　　　　　)진 것을 거두고

성령을 위하여 심는 자는 (　　　　　)으로부터

(　　　　　)을 거두리라"(갈 6:8)

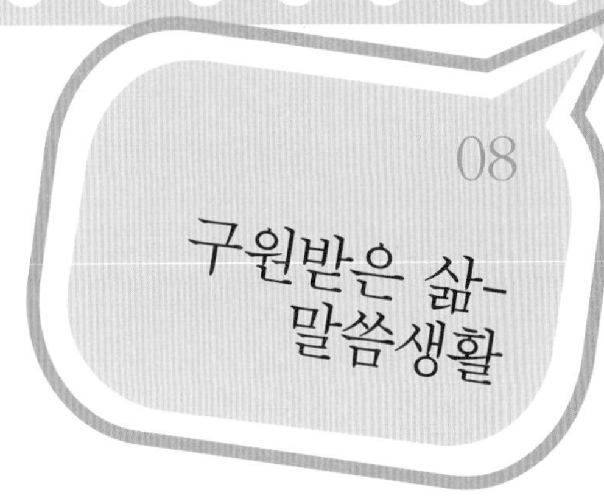

08 구원받은 삶-말씀생활

마음열기

1. 위 그림을 보고 나름대로 이야기를 만들어 보세요.

2. 지금까지 살아오면서 힘든 인생의 시간이 있었다면 언제였습니까?

말씀과 소통하기

•시편 119:105-114을 읽으세요.

105 주의 말씀은 내 발에 등이요 내 길에 빛이니이다
106 주의 의로운 규례들을 지키기로 맹세하고 굳게 정하였나이다
107 나의 고난이 매우 심하오니 여호와여 주의 말씀대로 나를 살아나게 하소서
108 여호와여 구하오니 내 입이 드리는 자원제물을 받으시고 주의 공의를 내게 가르치소서
109 나의 생명이 항상 위기에 있사오나 나는 주의 법을 잊지 아니하나이다
110 악인들이 나를 해하려고 올무를 놓았사오나 나는 주의 법도들에서 떠나지 아니하였나이다
111 주의 증거들로 내가 영원히 나의 기업을 삼았사오니 이는 내 마음의 즐거움이 됨이니이다
112 내가 주의 율례들을 영원히 행하려고 내 마음을 기울였나이다
113 내가 두 마음 품는 자들을 미워하고 주의 법을 사랑하나이다
114 주는 나의 은신처요 방패시라 내가 주의 말씀을 바라나이다

1. 나의 인생길을 비추어 주는 것은 무엇입니까?(105)

2. 인생의 위기를 맞이할 때 이기게 하고 고난을 극복하게 하는 방법은 무엇입니까?(106-109)

3. 악인들이 나를 넘어지게 하려고 올무를 놓을 때 그것을 이기는 길은 무엇입니까?(110-111)

4. 주님의 말씀을 떠나지 않기 위해 필요한 우리의 자세는 무엇입니까?(112-114)

•POINT•

말씀 속에 하나님의 마음과 생각과 성품이 들어 있습니다. 우리는 말씀을 통해 하나님의 뜻이 무엇인지 알게 됩니다. 나의 길과 마음을 지키는 것은 오직 말씀입니다.

말씀과 공감하기

1. 예수를 믿은 이후에는 내가 기준이 아닌 하나님의 말씀이 삶의 기준이 되어야 합니다. 왜 그렇게 해야 하는지 이유를 말해 보십시오.

말씀 Tip

"육신을 따르는 자는 육신의 일을, 영을 따르는 자는 영의 일을 생각하나니 육신의 생각은 사망이요 영의 생각은 생명과 평안이니라 육신의 생각은 하나님과 원수가 되나니 이는 하나님의 법에 굴복하지 아니할 뿐 아니라 할 수도 없음이라 육신에 있는 자들은 하나님을 기쁘시게 할 수 없느니라"(롬 8:5-8)

"너희는 성령을 따라 행하라 그리하면 육체의 욕심을 이루지 아니하리라"(갈 5:16)

삶에 실행하기

1. 말씀을 마음에 저장하기 위한 방법에는 어떤 것이 있습니까?

   [듣기, (   ), 공부, 암송, (   )]

   현재 내가 실천하고 있는 방법은 무엇입니까?

암송구절

오늘 본문 시편 119:105-114 중에서

마음에 드는 구절을 찾아 암송하세요.

____

____

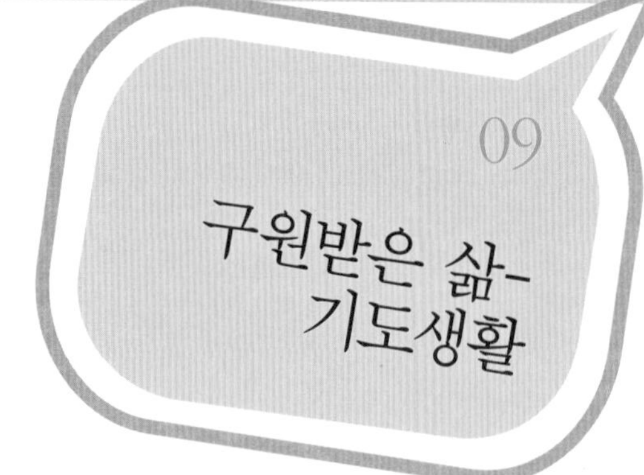

마음열기

그림 A

그림 B

1, 위의 A, B의 만화를 보고 친구와 대화가 잘되는 경우와 잘 안되는 경우는 어떤 때인지 말해 보세요.

2. 좋은 인간관계를 위한 바람직한 대화의 요건에는 어떤 것들이 있습니까?

• 마태복음 6:5-13을 읽으세요.

5 또 너희는 기도할 때에 외식하는 자와 같이 하지 말라 그들은 사람에게 보이려고 회당과 큰 거리 어귀에 서서 기도하기를 좋아하느니라 내가 진실로 너희에게 이르노니 그들은 자기 상을 이미 받았느니라
6 너는 기도할 때에 네 골방에 들어가 문을 닫고 은밀한 중에 계신 네 아버지께 기도하라 은밀한 중에 보시는 네 아버지께서 갚으시리라
7 또 기도할 때에 이방인과 같이 중언부언하지 말라 그들은 말을 많이 하여야 들으실 줄 생각하느니라
8 그러므로 그들을 본받지 말라 구하기 전에 너희에게 있어야 할 것을 하나님 너희 아버지께서 아시느니라
9 그러므로 너희는 이렇게 기도하라 하늘에 계신 우리 아버지여 이름이 거룩히 여김을 받으시오며
10 나라가 임하시오며 뜻이 하늘에서 이루어진 것같이 땅에서도 이루어지이다
11 오늘 우리에게 일용할 양식을 주시옵고
12 우리가 우리에게 죄 지은 자를 사하여 준 것같이 우리 죄를 사하여 주시옵고
13 우리를 시험에 들게 하지 마시옵고 다만 악에서 구하시옵소서(나라와 권세와 영광이 아버지께 영원히 있사옵나이다 아멘)

1. 우리가 기도할 때 다른 종교들처럼 잘못된 기도를 드릴 수 있습니다. 어떤 것들이 있는지 사례들을 말해 보십시오.(5-8)

2. 예수님은 제자들에게 이방인들과 구별된 기도의 모범을 알려주셨습니다. 그 내용은 무엇입니까?

- 우리가 기도할 때 가장 먼저 생각해야 할 기도의 원칙은 무엇입니까?(9)

- 기도에 꼭 포함되어야 할 하나님에 대한 중요한 내용은 무엇입니까?(10)

- 하나님께 구해야 할 인간에 대한 기도 세 가지는 무엇입니까?(11-13)(음식, 관계, 시험)

•POINT•

구원받은 그리스도인은 기도가 필수입니다. 그것은 하나님과 교제하는 영적 대화이기 때문입니다. 우리는 기도를 통해 주님과 친밀한 교제를 쉬지 않고 합니다. 기도는 그리스도인의 영혼의 호흡입니다.

말씀과 공감하기

1. 기도는 하나님과 영적인 대화입니다. 우리의 기도를 어렵게 하는 장애물은 어떤 것들이 있습니까?

말씀 Tip

"너희가 얻지 못함은 구하지 아니하기 때문이요 구하여도 받지 못함은 정욕으로 쓰려고 잘못 구하기 때문이라"(약 4:2-3)

"그를 향하여 우리가 가진 바 담대함이 이것이니 그의 뜻대로 무엇을 구하면 들으심이라 우리가 무엇이든지 구하는 바를 들으시는 줄을 안즉 우리가 그에게 구한 그것을 얻은 줄을 또한 아느니라"(요일 5:14-15)

삶에 실행하기

1. 지금 나의 기도생활에서 힘든 부분은 무엇이며 가장 먼저 고쳐야 할 부분은 무엇입니까?

잘하는 기도의 네 가지 특징

- 항상 기도하라- 호흡하는 것처럼 하라
- 자연스럽게 기도하라- 편안하게 숨쉬는 것처럼 하라
- 진실되게 기도하라- 하나님은 중심을 보신다
- 하나님께 기도하라 - 사람을 의식하지 말라

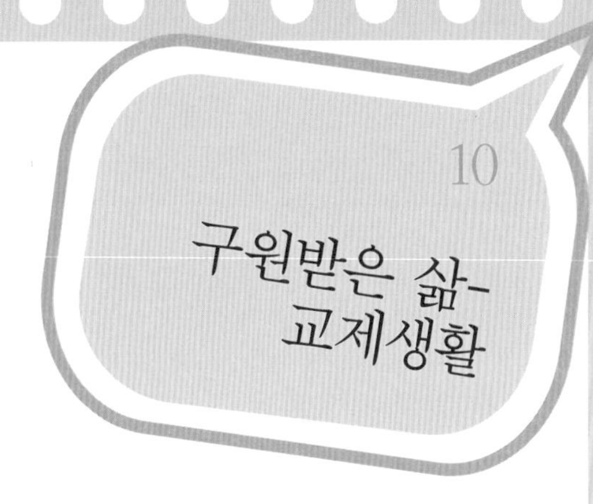

10

구원받은 삶-교제생활

마음열기

1. 위의 내용은 톨스토이의 〈아버지와 아들〉에 나오는 이야기입니다. 나는 이 만화를 보고 무엇을 느꼈습니까?

2. 어떤 교제가 좋은 교제의 모습인지 이야기해 보십시오.

말씀과 소통하기

• 사도행전 2:42-47을 읽으세요.

42 그들이 사도의 가르침을 받아 서로 교제하고 떡을 떼며 오로지 기도하기를 힘쓰니라

43 사람마다 두려워하는데 사도들로 말미암아 기사와 표적이 많이 나타나니

44 믿는 사람이 다 함께 있어 모든 물건을 서로 통용하고

45 또 재산과 소유를 팔아 각 사람의 필요를 따라 나눠 주며

46 날마다 마음을 같이하여 성전에 모이기를 힘쓰고 집에서 떡을 떼며 기쁨과 순전한 마음으로 음식을 먹고

47 하나님을 찬미하며 또 온 백성에게 칭송을 받으니 주께서 구원 받는 사람을 날마다 더하게 하시니라

1. 교회는 구원받은 성도들의 공동체입니다. 교회는 교제가 이루어지는 곳입니다. 가장 먼저 목회자(사도)와의 교제는 어떻게 해야 합니까?(42-43)

2. 믿는 성도들은 교회 속에서 어떻게 교제를 나누어야 합니까?(42, 44-45)

3. 성도들은 어떤 교제를 해야 합니까?(46)

- 교회에서:

- 가정에서:

4. 하나님과 이웃과 교제할 때 바람직한 모습은 무엇입니까? 세상과 이웃의 교제가 잘 이루어지면 교회에 어떤 은혜를 주십니까?(47)

•POINT•

구원받은 순간 우리는 주님과 교회와 한 몸입니다. 한 번 구원받으면 인간이 마음대로 뗄 수 없습니다. 하나님이 맺어 준 관계로 영원한 하나님의 가족으로 관계가 형성됩니다.

말씀과 공감하기

1. 그리스도인은 교제를 통해 믿음이 자랍니다(하나님, 성도, 이웃). 신앙생활을 교제 없이 할 경우에 어떤 문제가 발생합니까?

말씀 Tip

"이와 같이 우리 많은 사람이 그리스도 안에서 한 몸이 되어 서로 지체가 되었느니라"(롬 12:5)

"너희가 내 앞에 보이러 오니 이것을 누가 너희에게 요구하였느냐 내 마당만 밟을 뿐이니라"(사 1:12)

삶에 실행하기

1. 모든 것은 관계가 좋아야 합니다. 교제가 사라지면 관계가 깨집니다. 나의 생활 중에서 잘못된 교제를 하고 있다고 생각되는 부분을 찾아 말해 보십시오.

실천을 위한 Tip

앞으로 교제를 잘하고 싶은 사람의 명단을 적어 보십시오. 그 이유는 무엇입니까?

- 이름:
- 이유: